KB230679

평범한 우리 어린이들을 다음 세대
위인으로 만들어 줄 교과서 위인 이야기!
효리원의 교과서 위인 이야기는 초등학교
교과 과정에 나오는 국내외 위인들을, 우리나라
최고 아동 문학가 53인이 재미있게 동화로 구성했습니다.
지혜와 용기로 위대한 삶을 산 위인들의 이야기는,
어린이들의 마음속에 '나도 할 수 있다.'는
희망의 씨앗을 심어 줄 것입니다!

봉사 정신으로 빛나는 백의의 천사

나이팅게일

이규희 글 / 강신광 그림

요즈음 우리는 '꿈은 이루어진다.'라는 말을 많이 씁니다. 마음속에 꿈을 품고 노력하면 언젠가는 이루어진다는, 희망이 담겨 있는 말이지요. 그러나 꿈을 이루는 과정은 때로는 힘들고, 때로는 험난합니다.

플로렌스 나이팅게일도 그랬습니다. 그녀는 영국 귀족의 딸로 태어나 남부럽지 않게 살아갈 수 있었지만, 간호사라는 꿈을 이루기 위해 편안한 삶을 포기해야 했고, 가족의 반대와 사회의 편견이라는 벽을 뛰어넘어야 했습니다.

그 당시에는 간호사라는 직업을 하찮은 여자들이나 하는 일로 여겼습니다. 그래서 간호사가 되려는 나이팅게일의 꿈에 가족들은 모두 반대하였습니다. 그러나 나이팅게일은 꿈을 버리지 않고 독일로 건너가 간호사 공부를 하면서 주위의 아픈 사람들을 돌보는 일을 게을리하지 않았습니다. 그리고 그 노력은 결실을 맺어, 나이팅게일은 마침내 자신이 그토록 원하던 간호사가 되었습니다.

그녀는 간호사가 되어 늘 병들고 어려운 사람들을 위해 살았습니다. 가녀린 몸을 이끌고 전쟁터로 달려가, 피를 흘리며 죽어 가는 병사들을 살려 냈습니다.

전쟁이 끝난 후에도 그녀는 편안한 삶을 포기한 채 아픈 사람들을 위해 평생 헌신하며 살았지요. 나이팅게일 간호 학교를 세우고, 간호 전문 서적도 썼습니다. 나이팅게일의 이러한 노력으로 인해 사람들은 간호사를 전문 직업으로 인정하게 되었습니다.

이 책을 통해 나이팅게일이 어려운 사람들을 위해 어떠한 삶을 살았는지, 그녀가 보여 준 희생과 사랑은 어떤 모습이었는지, 그런 삶이 얼마나 아름다운 일인지를 어린이들이 깨닫게 해 주시기 바랍니다. 그리고 자신이 하고 싶은 일을 끝까지 포기하지 않고, 굳은 의지를 가지고 노력한 나이팅게일의 모습을 통해 꿈을 버리지 않고 사는 삶이 얼마나 아름다운지 알 수 있도록 어린이들을 지도해 주시기 바랍니다.

　지금도 소아과 병원에 가면 하얀 옷을 입고 미소짓는 간호사를 볼 수 있지요? 바로 '백의의 천사', '사랑의 천사'인 나이팅게일의 뒤를 이은 사람들이랍니다.

　지금으로부터 200여 년 전에 살았던 나이팅게일은 마음이 정말 예쁜 사람이었어요. 어려서부터 부러진 인형의 팔을 붕대로 감아 주고, 아파서 신음하는 개나 말을 돌봐 줄 만큼 고운 마음씨를 지녔지요.

　가족의 반대를 무릅쓰고 간호사가 된 뒤에도 늘 아프고 가난한 사람들을 도와주었답니다. 피를 흘리며 죽어 가는 병사들을 돕기 위해 전쟁터로 달려가 정성껏 간호해 주기도 했지요.

　누가 뭐라 하든 자신이 원하는 일을 찾아 일생을 보람 있게 살다 간 나이팅게일처럼, 여러분도 이다음에 꼭 꿈을 이루고 훌륭한 사람이 되기를 바랄게요.

글쓴이　이 규 희

차 례

이 책을 읽는 학부모님과 선생님께 6

머리말 8

마음씨가 고운 아이 10

하느님의 목소리 19

꿈에 그리던 간호사 27

크림 전쟁 33

등불을 든 천사 43

영국 국민의 천사 50

나이팅게일 간호 학교 54

앙리 뒤낭과 적십자사 61

하늘로 올라간 천사 67

나이팅게일의 삶 71

읽으며 생각하며! 72

햇볕이 따사로운 봄날입니다.

방 안에서 조그만 여자아이의 안타까운 목소리가 들려왔습니다.

"아이, 가여워라. 이제 조금만 참아. 약을 발랐으니 곧 나을 거야."

그 앞을 지나던 어머니가 깜짝 놀라 문을 열고 물었습니다.

"아니, 플로렌스, 누가 다치기라도 했니?"

그러자 플로렌스라는 이름의 여자아이는 울먹이며 말했습

플로렌스 나이팅게일 | 1880년경의 플로렌스 나이팅게일

니다.

"어머니, 인형 팔이 부러져서 치료를 해 주고 있었어요. 비록 인형이지만 이렇게 다쳤으니 얼마나 아프겠어요? 아프다는 말도 못 하고……."

플로렌스는 언니가 가지고 놀다 부러뜨린 인형 팔을 붕대로 감아 주고 있었습니다. 침대 위에는 망가진 인형이며 장난감들이 많이 놓여 있었습니다.

어머니는 빙그레 웃으며 말했습니다.

"너는 천사처럼 고운 마음씨를 가졌구나. 그래, 인형은 곧 나을 테니 염려 마라."

“어머니, 정말 그렇겠지요? 그럼 다른 인형들도 빨리 치료해 주어야겠어요.”

플로렌스는 방긋 웃으며 다시 인형 팔에 붕대를 감기 시작했습니다.

이처럼 어렸을 때부터 마음씨가 어질고 착했던 이 아이가 바로 훗날 ‘백의의 천사’, ‘사랑의 천사’로 알려진 플로렌스 나이팅게일입니다.

여행을 좋아하던 플로렌스의 부모님은 이탈리아를 여행하는 도중 큰딸 파세노프를 낳았습니다. 또 이듬해인 1820년 5월 12일에 피렌체에서 둘째 딸을 낳았습니다. 아버지는 그 딸에게 피렌체의 옛 이름이며 ‘꽃의 도시’라는 뜻을 가진 플로렌스라는 이름을 지어 주었습니다.

이처럼 플로렌스는 영국의 훌륭한 귀족인 아버지 윌리엄 에드워드 나이팅게일과 자상하며 교양이 높은 어머니 프란시스 사이에서 태어났습니다.

플로렌스가 태어난 지 일 년 후, 아버지와 어머니는 두 딸을 데리고 영국으로 돌아왔습니다.

　아버지는 넓은 정원과 목장이 딸린 리 허스트와 엔블리에 각각 아름다운 저택을 마련했습니다.

　플로렌스가 여섯 살 되던 해, 엔블리 저택에 머물던 때였습니다. 목사님을 따라 마을의 가난한 사람들을 보살피러 가던 플로렌스는 깜짝 놀랐습니다.

　"목사님, 저기 보세요!"

　개울가에서 톰과 제이가 다투고 있는 게 보였습니다. 제이는 플로렌스네 목장에서 양을 기르는 코브 할아버지의 손자였습니다.

　두 사람이 다가가자 톰이 빨개진 얼굴로 말했습니다.

　"목사님! 제이가 이 밧줄로 카프의 목을 매려고 해요. 그래서 저한테도 좀 도와 달라는 거예요."

　제이도 울음 섞인 목소리로 말했습니다.

　"지금 카프가 죽어 가고 있어요! 다리가 퉁퉁 부어올라 걷지

도 못하고 숨만 헐떡이고 있어요. 그래서 편안하게 죽게 해 주려고 그러는 거예요. 흑흑……."

카프는 코브 할아버지와 함께 양몰이를 하던 아주 영리한 개였습니다.

이 말을 들은 플로렌스는 눈물을 글썽이며 외쳤습니다.

"목사님! 안 돼요. 카프를 살려야 해요!"

"그래, 네 말이 맞다. 어서 카프에게 가 보자꾸나."

목사님과 세 아이는 단숨에 집으로 달려갔습니다.

카프는 어둡고 침침한 개집 속에서 끙끙 앓고 있었습니다.

"불쌍한 카프! 나야, 플로렌스."

플로렌스는 카프의 머리를 쓰다듬으며 안타깝게 속삭였습니다. 플로렌스의 눈에서는 금방이라도 눈물이 떨어질 것 같았습니다.

잠시 카프를 살펴본 목사님은 환하게 웃으며 말했습니다.

"다행히 다리뼈가 부러지진 않았구나. 따뜻하게 찜질을 해 주면 나을 거야."

"그게 정말이에요?"

플로렌스는 퉁퉁 부어오른 카프의 다리에 정성껏 찜질을 해 주었습니다.

한참이 지나자 카프는 상처가 좀 나았는지, 살그머니 눈을 뜨고는 플로렌스를 바라보았습니다.

"어머, 카프야, 이젠 좀 나았니? 아프지 않아?"

플로렌스는 뛸 듯이 기뻐하며 카프를 꼭 껴안았습니다.

"아아, 카프가 살아났어!"

"플로렌스 아가씨가 살려 주신 거야!"

마음을 졸이던 제이와 톰도 펄쩍펄쩍 뛰며 기뻐했습니다.

이처럼 플로렌스는 어렸을 때부터 사람은 물론 말 못하는 짐승도 가리지 않고, 병들고 아프면 정성껏 돌봐 주고 치료해 주는 따뜻한 소녀였습니다.

어느 날, 아버지는 늘 혼자 있기를 좋아하는 플로렌스를 위해 가정 교사를 모셔왔습니다. 프랑스에서 온 크리스티 선생님은 키가 크고 우아한 분이었습니다.

"안녕, 플로렌스?"

크리스티 선생님은 플로렌스를 보며 환하게 웃었습니다.

플로렌스는 다정하고 상냥한 크리스티 선생님을 친언니처럼 잘 따랐습니다.

"플로렌스, 지식을 많이 배우는 것보다 그걸 누군가에게 도

움이 되도록 쓰는 일이 더 중요하단다.”

크리스티 선생님은 공부뿐 아니라 사람이 살아가는 방법에 대해서도 이야기를 해 주곤 했습니다.

하지만 크리스티 선생님은 얼마 후 결혼을 하는 바람에 가정 교사를 그만두게 되었습니다.

“플로렌스, 넌 이다음에 꼭 훌륭한 사람이 될 거야. 그때 다시 만나자꾸나.”

크리스티 선생님은 플로렌스를 꼭 껴안고 인사를 했습니다. 그러나 2년 후 플로렌스가 열두 살이 되던 해 봄, 플로렌스는 너무나 슬픈 소식을 들었습니다.

“플로렌스, 크리스티 선생님이 아기를 낳다가 그만 돌아가셨단다.”

“아아, 사람이 그렇게 빨리 죽다니! 모두 오래오래 행복하게 살 수는 없는 걸까?”

플로렌스는 크리스티 선생님을 생각하며 슬피 울었습니다.

그 후 몇 년 동안 플로렌스는 리 허스트와 런던, 엔블리를

오가며 지냈습니다.

어느새 플로렌스는 열일곱, 언니 파세노프는 열여덟의 꽃다운 처녀가 되었습니다. 파세노프는 파티를 좋아했습니다. 그러나 플로렌스는 파티에는 관심이 없었습니다. 오직 마을의 가엾은 사람들을 돌보는 즐거움에 빠져 지냈습니다.

어머니는 이를 못마땅하게 여겼습니다.

"플로렌스, 언제까지 그렇게 가난한 사람들만 돌보며 지낼 셈이냐? 너도 언니처럼 예쁘게 꾸미고 파티에 나가 좋은 신랑감을 만나야 하지 않겠니?"

그럴 때마다 플로렌스는 속으로 중얼거렸습니다.

'꼭 좋은 남자를 만나 결혼하는 게 여자의 행복일까?'

플로렌스는 어머니의 성화에도 여전히 가난한 사람들을 돌보는 데에만 신경을 썼습니다.

유난히 추운 겨울이었습니다. 마을에 유행성 감기가 돌더니 목숨을 잃는 사람까지 생겼습니다. 플로렌스는 따뜻한 담요와 영양분이 많은 음식을 가지고 하루에도 몇 번씩 마을을 돌아

다녔습니다.

그러다가 그만 플로렌스마저 병에 걸리고 말았습니다. 플로렌스는 열에 들떠 침대에 누워 지내면서도 오직 마을 사람들 걱정뿐이었습니다.

"하느님! 저 불쌍한 사람들을 구원해 주시옵소서."

플로렌스는 마을의 환자들을 생각하며 하느님께 간절히 기도를 드렸습니다.

1837년 2월 7일 밤이었습니다. 여느 때처럼 기도를 드리던 플로렌스는 어디선가 들려오는 목소리를 들었습니다.

"플로렌스, 너는 내가 사랑하는 자이니라. 그러니 내 뜻을 따라라."

그 소리는 마치 하느님의 목소리처럼 들렸습니다.

"네, 하느님! 하느님 말씀대로 살겠나이다!"

플로렌스는 떨리는 목소리로 크게 대답했습니다. 그러고는 뜬눈으로 밤을 새우며 그 말에 대해 곰곰 생각했습니다.

그해 가을, 여행을 좋아하는 아버지는 온 가족을 이끌고 이탈리아와 파리 쪽으로 긴 여행을 떠났습니다.

플로렌스는 가족과 여행을 하는 동안에도 관광지를 돌아보기보다는 수도원이며 고아원에서 가엾은 사람들을 위해 일하는 여러 사람들을 만났습니다. 맹아 학교도 둘러보았습니다.

마침내 플로렌스 가족은 일 년 반 동안의 긴 여행을 마치고 영국으로 돌아왔습니다. 그동안 엔블리 저택은 말끔히 수리되어 있었습니다.

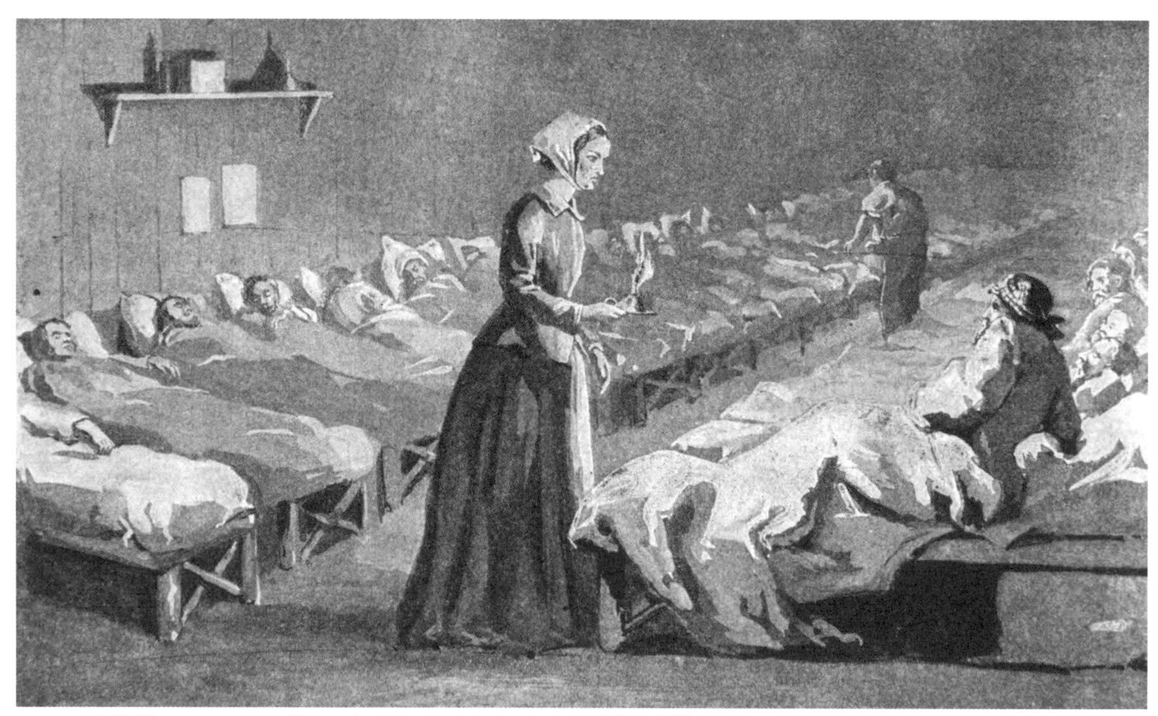

크림 전쟁(1853~1856) 중 우스크다르(지금의 터키 이스탄불)의 병원에서 환자를 돌보는 나이팅게일

　어느 날, 플로렌스는 다른 날처럼 마을 사람들을 돕고 지친 몸으로 돌아왔습니다. 불이 환하게 켜진 저택에서는 파티를 즐기는 사람들의 웃음소리와 흥겨운 음악이 흘러나오고 있었습니다.

　'수많은 사람들이 헐벗고 굶주리고 있는데, 우린 이렇게 호화롭게 살아도 되는 걸까? 불쌍한 사람들을 위해 내가 할 일은 과연 무엇일까?'

　플로렌스는 하느님의 뜻이 무엇인지 깊이 생각했습니다.

어느덧 플로렌스의 나이도 스물넷이 되었습니다.

그해 여름, 마을에는 세 사람의 환자가 있었습니다. 오랫동안 류머티즘으로 누워 있던 할머니와 폐렴을 앓는 두 아이였습니다.

그들은 플로렌스를 보자 눈물을 흘리며 말했습니다.

"아가씨가 돌봐 주시면 병이 낫는 것 같아요."

플로렌스는 그럴 때마다 이런 생각을 했습니다.

'환자마다 병세가 모두 다른데 제대로 간호를 못 하니 큰일

이다. 어떻게든 간호법을 배워야겠어.'

플로렌스는 용기를 내어 어머니에게 말했습니다.

"어머니, 가까운 솔즈베리 병원에 가서 간호법을 제대로 공부하고 싶어요."

솔즈베리 병원은 아버지의 친구가 원장으로 있는 병원이었습니다.

"플로렌스, 좋은 청년을 만나 결혼할 생각은 하지 않고 간호사라니! 안 된다."

어머니는 고개를 절레절레 흔들었습니다.

그 당시에는 간호사란 하찮은 여자들이나 하는 일로 생각했습니다. 환자들의 피 묻은 붕대를 갈아 주고 병자들의 더러워진 몸이나 씻어 주는 사람으로 여기던 때였으니까요.

"네가 병원에서 일한다면 난 사교계에 얼굴도 내밀지 못할 거야. 꼭 그렇게 우리 집안을 웃음거리로 만들 셈이니?"

파세노프도 울음 섞인 목소리로 말했습니다.

플로렌스는 입술을 꼭 깨문 채 더 이상 아무 말도 하지 못했습니다.

'그래, 병원에서 배울 수 없다면 혼자서라도 공부하자.'

플로렌스는 프랑스나 독일 등 유럽의 여러 병원에 편지를
보냈습니다.

저는 앞으로 간호사가 되고 싶습니다.
선생님의 병원에서 이용되고 있는 간호법과
병원의 시설에 관한 자료를 보내 주신다면
정말 감사하겠습니다.

플로렌스는 유럽의 병원에서 보내 온 자료를 가지고 혼자 밤낮으로 공부하여 간호 전문가가 되었습니다.

그리고 2년 후, 플로렌스는 우연히 독일의 카이저스베르트 자선 병원에 관한 보고서를 보게 되었습니다. 그곳에서는 간호사를 위한 교육도 하고 있었습니다.

"아, 이곳이야말로 내가 찾던 병원이야!"

그때부터 플로렌스의 마음은 늘 독일의 카이저스베르트에

가 있었습니다.

플로렌스의 간절한 바람은 우연히 이루어졌습니다.

1851년, 몸이 약한 파세노프를 위해 어머니와 함께 온천으로 요양을 가게 되었습니다.

플로렌스는 어머니와 파세노프가 온천에 머무는 동안 카이저스베르트에 가서 간호법을 배우게 해 달라고 졸랐습니다.

“넌 정말 고집불통이구나. 정 그렇다면 우리가 여기 있는 동안만 가서 배우도록 하려무나.”

어머니는 하는 수 없이 허락해 주었습니다.

플로렌스는 그토록 꿈꾸던 카이저스베르트에서 3개월 동안 밤낮을 가리지 않고 간호학 공부에 힘썼습니다. 공부가 아무리 힘들어도 플로렌스의 얼굴에는 웃음이 떠나지 않았습니다.

2년 뒤, 플로렌스에게 뜻밖의 일이 맡겨졌습니다.

영국 런던 자선 병원의 간호부장 자리였습니다.

“마침내 네 꿈이 이루어졌구나! 부디 용기를 갖고 네 길을 걸어가렴. 나도 해마다 500파운드씩 지원해 주마.”

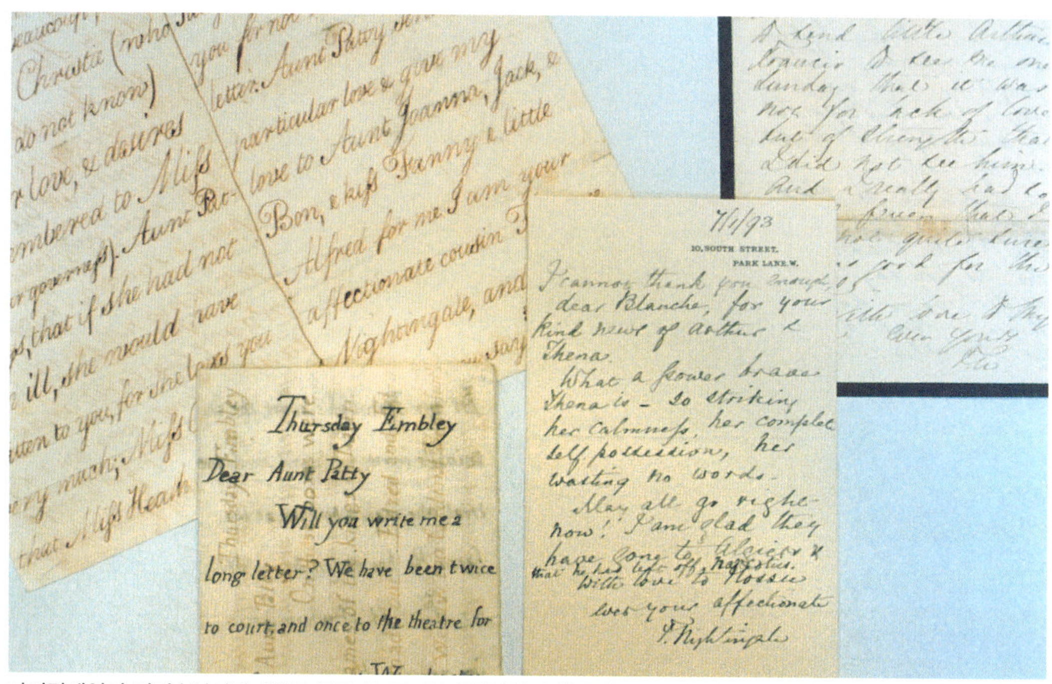

나이팅게일의 편지 | 나이팅게일이 직접 쓴 편지와 연설 '워싱턴'의 원고 사본입니다.

아버지는 흔쾌히 허락해 주었습니다.

처음으로 병원 책임자가 된 플로렌스는 한껏 마음이 설레었습니다. 플로렌스는 환자들에게 언제나 깨끗한 환자복을 입히고, 하얀 시트에서 잠을 자도록 했습니다. 또한 매 끼마다 영양이 좋은 음식을 먹이도록 했습니다. 병원은 나날이 달라졌습니다.

어느새 의사와 간호사는 물론 환자들까지 플로렌스를 믿고 따르게 되었습니다.

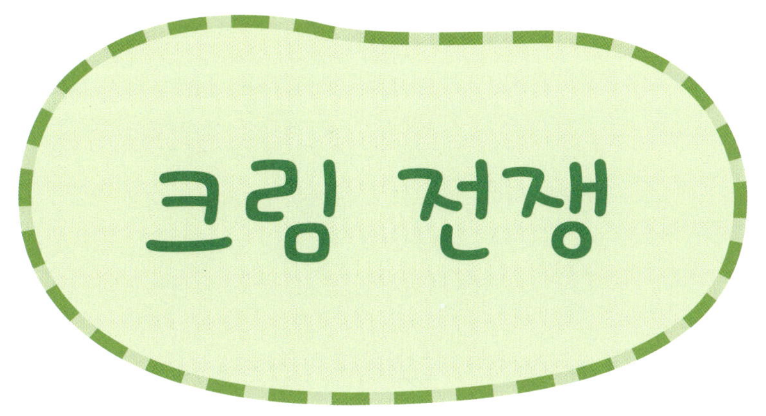

플로렌스가 런던의 자선 병원 간호부장 일을 보고 있던 1854년 3월 어느 날이었습니다.

"호외요, 호외! 전쟁이 일어났어요!"

사람들은 저마다 손에 신문을 들고는 웅성거렸습니다. 1853년 10월, 러시아가 터키 콘스탄티노플 항구를 노리고 전쟁을 일으키자 영국과 프랑스가 터키를 돕기 위해 군대를 파견한 것입니다.

연합군은 치열한 싸움 끝에 알마 강에서 러시아군을 크게

무찔렀습니다.

"연합군 만세!"

런던 시민들은 기쁨에 들떠 함성을 질렀습니다.

하지만 그런 기쁨도 잠시였습니다. 어느 날 영국 신문 「런던 타임스」에 놀라운 기사가 실렸습니다.

지금 전선에서는 병실이 부족하여 부상병들이 허름한 야전 병원 복도에 피를 흘리며 누워 있다. 상처를 치료할 약과 붕대는커녕 병사들을 간호할 간호사 하나 없는 비참한 지경이다.

신문 기사를 본 영국 국민들은 야단이었습니다.

"나라를 위해 싸우다가 다친 불쌍한 부상병을 구하라!"

하지만 누구보다도 놀란 사람은 바로 플로렌스 나이팅게일이었습니다.

'드디어 하느님이 나를 부르시는구나. 그래, 당장 전선으로 떠나자!'

플로렌스는 이탈리아를 여행할 때 알게 된 시드니 허버트 육군 대장에게 자신을 크림 반도로 보내 달라고 편지를 썼습

니다. 영국 정부는 곧 플로렌스를 스쿠타리 야전 병원의 간호 단장으로 삼았습니다.

마침내 1854년 10월 21일, 플로렌스는 서른여덟 명의 간호사를 이끌고 터키 스쿠타리를 향해 떠났습니다. 일행은 무서운 폭풍우, 거친 파도와 싸우는 긴 항해 끝에 11월 4일 아침 간신히 콘스탄티노플 항구에 닿았습니다.

스쿠타리 병원에 도착한 일행은 병원 끄트머리에 있는 방으로 안내되었습니다.

"으악! 쥐, 쥐 좀 봐!"

방으로 들어가자마자 간호사들은 비명을 질렀습니다.

어느 방이나 먼지투성인데다 뚫어진 벽 틈으로는 쥐가 들락거리고 벼룩이 튀어 다녔습니다.

"이런 데서 어떻게 살지?"

간호사들은 서로 얼굴을 쳐다보며 울상을 지었습니다.

병실도 차마 눈 뜨고 볼 수 없을 지경이었습니다.

부상병들은 오물과 핏자국이 범벅이 된 냄새나는 군복을 걸친 채 복도에 드러누워 있었습니다.

"여러분, 힘을 냅시다! 우리는 생지옥 같은 이곳을 환자들이 편안히 지낼 수 있는 천국으로 만들어야 합니다."

플로렌스는 우선 간호사들을 달래어 빗자루와 물통을 사다가 청소부터 시작했습니다. 서른여덟 명의 간호사들이 달려들어 병원 구석구석을 쓸고 닦고 치우자 병원은 몰라보게 깨끗해졌습니다.

그런 다음 나이팅게일은 피고름이 묻은 군복을 벗기고 깨끗한 환자복을 입혔습니다. 베개와 시트도 새것으로 말끔하게 갈아 주었습니다.

"아, 마치 집에 온 것 같구나!"

푹신푹신한 베개와 하얀 시트에 편안히 누운 부상병들은 너무 기뻐서 눈물을 글썽이기까지 했습니다.

플로렌스는 환자들에게 먹일 음식도 정성껏 만들었습니다.

"마치 어머니가 해 주신 음식 같아!"

부상병들은 눈이 휘둥그레졌습니다.

　하지만 플로렌스 일행이 도착한 다음 날인 11월 5일, 잉케르만에서 다시 러시아군과 영국군이 크게 맞붙었습니다. 영국군이 이기긴 했지만, 그만큼 부상병이 많이 나왔습니다.

　"아아, 제발 살려 줘!"

　부상병들이 줄줄이 들것에 실려 오자 간호사들은 눈코 뜰 새 없이 바빠졌습니다. 힘든 일을 견디지 못해 본국으로 돌아가는 간호사도 있었습니다.

　그러던 어느 날, 플로렌스가 본국에 주문한 속옷 2만 7천여 벌이 스쿠타리 병원에 도착했습니다.

　"이제 병사들이 추위에 떨지 않아도 되겠구나!"

　플로렌스는 당장 속옷을 가져다가 병사들에게 입히라고 간호사에게 일렀습니다.

　하지만 병원 관리인이 속옷을 내주지 않았습니다.

　"어째서 속옷을 내주지 않는 겁니까?"

　플로렌스는 당장 사무실로 달려가 담당자에게 따졌습니다.

　"회의를 열어 윗사람의 허락을 받아야만 내줄 수 있습니다.

우표 | 1955년 오스트레일리아에서 발행한 우표로, 나이팅게일과 현대 간호사의 모습이 함께 그려져 있습니다.

모든 일에는 순서가 있는 법이니 연락을 줄 때까지 돌아가 기다리시오!"

담당자는 무뚝뚝하게 같은 말만 되풀이했습니다.

"뭐라고요? 당신은 병사들의 목숨보다 그깟 규칙이 더 중요하단 말인가요? 당장 짐을 내놓으시오!"

플로렌스가 호통을 치자 담당자는 깜짝 놀라 속옷을 내주었습니다.

플로렌스는 이처럼 부상병들을 위한 일이라면 어떤 불의에도 참지 않고 당당히 맞섰습니다.

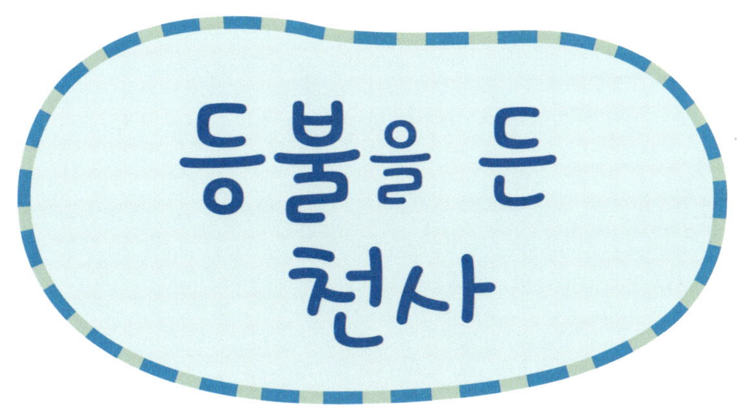

어느 날 크림 반도에서 갑자기 많은 부상병들이 스쿠타리로 올 거라는 소식이 들려왔습니다.

"이거 큰일이군. 지금도 병실이 부족한데 새로 올 환자들은 어떻게 하란 말인가."

군의관과 병원 관리인들 모두 걱정을 하고 있었습니다.

플로렌스의 머릿속에, 병원 한쪽에 있는 낡은 건물이 떠올랐습니다. 오랫동안 쓰지 않은 채 버려 두어 온갖 벌레가 들끓고 쥐가 우글거리는 곳이었습니다.

‘옳지, 그 건물을 수리해서 병실로 만들자.’

플로렌스는 군의관과 관리인들의 반대를 무릅쓰고 자신의 돈을 들여 낡고 지저분한 건물을 병실로 꾸몄습니다. 그 덕택에 새로 들어온 5백 명에 가까운 부상병들이 새 병실에서 치료를 받을 수 있었습니다.

플로렌스의 이런 활동들은 영국 본토에까지 알려졌습니다. 그러자 젊은 간호사들이 용기를 내어 하나둘 스쿠타리로 찾아왔습니다. 처음 서른여덟 명으로 시작했던 간호단은 어느새 백이십오 명으로 늘어나 있었습니다.

“정말 잘 오셨습니다. 지금 병사들은 여러분의 따뜻한 손길을 기다리고 있습니다.”

플로렌스는 그들을 따뜻하게 맞아 주는 한편, 간호사들을 위한 엄한 규칙을 만들었습니다.

“외출할 때는 반드시 세 사람 이상 함께 나가도록 하십시오. 또 병원 내에서는 반드시 제복을 입어야만 합니다.”

플로렌스 자신도 똑같은 제복을 입었고, 모자에 꽃을 다는 것조차 허락하지 않았습니다.

　플로렌스는 밤이 되면 혼자 조용히 손전등을 들고 병실을

찾아갔습니다.

“어때요? 통증이 좀 가셨나요?”

“이제 많이 나았네요. 곧 고향에 갈 수 있겠어요.”

플로렌스는 병실을 돌며 환자 한 사람 한 사람의 이마를 만져 보고 손을 잡아 주며 위로했습니다.

“원장님 손길만 스쳐도 통증이 사라지는 것 같아.”

“마치 어머니가 옆에 있는 것 같다니까.”

병사들은 플로렌스를 ‘등불을 든 천사’, ‘자비의 천사’라고 불렀습니다.

그러던 어느 날, 크림 반도의 발라클라바 야전 병원을 살피던 플로렌스는 그만 열병에 걸리고 말았습니다. 자신의 몸을 돌보지 않고 일을 한 탓이었습니다.

크림 반도의 열병은 티푸스와 비슷한 병으로, 계속해서 잠만 자다가 그대로 죽을 수도 있는 아주 무서운 병이었습니다.

플로렌스 나이팅게일 위독!

영국 본토에서도 이런 신문 기사가 실리자 나라 안은 온통 슬픔에 빠졌습니다.

여왕을 비롯한 온 국민이 안타까워하며 플로렌스의 쾌유를 비는 기도를 드렸습니다.

"부디 우리의 등불이 꺼지지 않도록 지켜 주십시오."

스쿠타리 병원의 부상병들도 모두 침대에 일어나 앉아 기도했습니다.

모두의 기도 덕분에 2주가 지나자 플로렌스는 간신히 자리에서 일어날 수 있게 되었습니다.

그리고 병세가 차츰 나아지자 플로렌스는 다시 스쿠타리 병원으로 돌아갔습니다.

항구에는 소식을 듣고 병사들이 구름처럼 모여들었습니다.

"부디 제가 백의의 천사가 누워 계신 들것을 들게 해 주십시오."

그들은 기쁨에 들떠 저마다 앞을 다투어 말했습니다.

군의관과 간호사들은 플로렌스에게 본국에 가서 더 치료를 받아야 한다고 말했습니다.

"나는 전쟁이 끝나고 마지막 부상병이 귀국하는 그날까지 결코 이곳을 떠나지 않을 겁니다."

플로렌스는 힘주어 말했습니다.

그 무렵 플로렌스가 너무나 좋아하는 메이 고모가 스쿠타리로 찾아왔습니다. 플로렌스에게는 메이 고모가 특별한 선물이자 치료제였습니다.

"아아, 고모가 오셔서 정말 기뻐요!"

플로렌스는 메이 고모를 얼싸안고 어린아이처럼 눈물을 글썽였습니다.

1855년 9월 8일, 러시아군이 굳게 지키고 있던 세바스토폴리 요새가 함락되고 말았습니다. 연합군이나 러시아군 모두 수많은 병사들이 피를 흘리며 죽어 갔습니다.

"어서 가서 부상병들을 구해 내야 합니다."

플로렌스는 아픈 몸으로, 또다시 스물네 명의 간호사를 데리고 발라클라바로 달려가 병사들을 돌보았습니다.

이런 소식은 본국에까지 알려져 플로렌스를 칭송하는 소리가 날로 드높아 갔습니다.

플로렌스의 일생을 다룬 책이 날개 돋친 듯 팔렸습니다.

경쟁하듯 사람들은 플로렌스의 초상화를 그려 간직했습니다. 플로렌스를 찬양하는 노래도 나왔습니다.

그해에 여자아이를 낳은 부모들은 자신의 아이에게 플로렌스라는 이름을 지어 주기도 했습니다. 거리나 배, 경마용 말에까지 플로렌스의 이름을 쓸 정도였습니다.

이듬해 1월, 플로렌스는 한 통의
편지를 받았습니다.

플로렌스 나이팅게일 양,
영국 병사들을 헌신적으로 돌봐 주어
진심으로 감사드립니다. 당신의 놀라운
희생과 용기에 대한 존경과
감사의 뜻으로 이 선물을
보냅니다.

— 빅토리아 여왕으로부터

"어쩜 이렇게 아름다울 수가!"

상자 속에는 여왕이 보낸 브로치가 들어 있었습니다.

눈이 부시도록 아름다운 선물이었습니다.

플로렌스는 사람들로부터 사랑과 존경을 받을수록 더욱 병사들을 돌보는 일에 앞장섰습니다.

하지만 추운 날씨에 병사들을 돌보기 위해 오랫동안 말을 타고 다니는 건 여간 힘든 일이 아니었습니다.

플로렌스는 생각 끝에 당나귀가 끄는 작은 마차 하나를 얻어 타고 다녔습니다. 그러나 마차는 울퉁불퉁한 산길을 몇 번 오르내리다가는 곧 부서지고 말았습니다. 맥도널드라는 대령이 그 딱한 모습을 보고 포장이 달려 있어 비나 햇빛을 가릴 수 있는 짐마차를 빌려 주었습니다.

플로렌스는 이 포장마차를 타고 쉬지 않고 분주히 크림 반도의 병원들을 돌아다니며 환자들을 보살폈습니다.

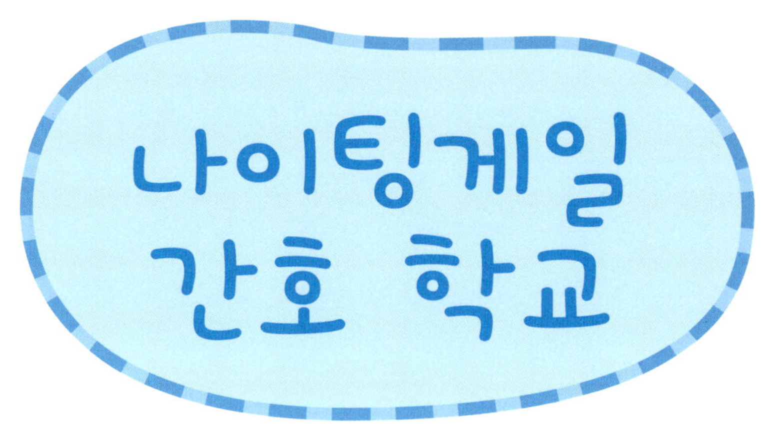

1856년 4월 29일, 파리에서 열린 연합군과 러시아의 회담이 끝나고 마침내 평화가 찾아왔습니다.

"이제 드디어 고향으로 돌아갈 수 있구나!"

병실에 누워 있던 부상병들도 눈물을 흘리며 기뻐했습니다. 간호사와 병사들도 하나둘 귀국을 서둘렀습니다.

플로렌스도 크림 반도를 떠나 6월 말경 다시 스쿠타리로 돌아왔습니다.

사람들이 떠난 텅 빈 병원 구석방에서 플로렌스는 조용히

일기를 썼습니다.

　오늘로 내가 종군 간호사 감독이 된 지 21개월이 된다.

　그동안 얼마나 비참한 일이 많이 일어났던가!

　영원히 잊지 못할 슬픈 경험이었다.

　플로렌스는 들꽃을 꺾어 들고는 산언덕에 있는 병사들의 묘지를 찾아갔습니다.

　'결코 당신들의 희생을 잊지 않겠어요.'

　플로렌스는 그들을 기념하기 위해 커다란 대리석 십자가를 세웠습니다.

　이제 크림 반도와 스쿠타리 병원에는 단 한 사람의 부상병도 남아 있지 않았습니다.

　플로렌스도 곧 돌아갈 채비를 하였습니다.

　"플로렌스를 영국 군함으로 당당히 모셔 와야 합니다!"

　"백의의 천사가 영국으로 돌아오면 개선문을 세우고 대대적

인 환영 행사를 벌여야 합니다!”

빅토리아 여왕을 비롯해 온 국민이 야단이었습니다.

그러나 플로렌스는 아무도 모르게 메이 고모와 단둘이 프랑스 상선(돈을 받고 사람이나 짐을 날라 주는 배)을 타고 슬그머니 스쿠타리를 떠났습니다. 이름을 스미스로 바꾸고 소박한 옷을 입은 탓에 아무도 그녀를 알아보는 사람이 없었습니다.

1856년 8월 7일 아침, 플로렌스 나이팅게일은 마침내 고향으로 돌아왔습니다. 2년여 만의 귀향이었습니다.

“오, 플로렌스! 그래, 얼마나 힘들었니!”

가족들은 플로렌스를 따뜻하게 맞아 주었습니다.

고향으로 돌아온 플로렌스는 쉴 틈도 없이 크림 반도에서 겪은 일들을 낱낱이 기록하기 시작했습니다.

이듬해 7월 21일, 빅토리아 여왕이 플로렌스를 궁전으로 초대했습니다.

“플로렌스 나이팅게일 양, 이 나라와 영국 국민을 위해 참으로 훌륭한 일을 해 주었습니다.”

빅토리아 여왕은 몹시 반가워하며 플로렌스의 공을 높이 치하해 주었습니다.

플로렌스는 그동안 기록해 놓았던 영국 병원의 문제점과 개혁에 관한 생생한 보고서를 빅토리아 여왕과 남편 알버트 공 앞에 내놓았습니다.

플로렌스는『병원에 관해서』와『간호에 관해서』라는 두 권의 책도 펴냈습니다. 이 책에는 병원의 건물은 어떻게 지어야 하는지에 관한 것과 병실은 공기가 잘 드나들고 햇빛이 잘 들어야 한다는 내용, 간호사들에게 꼭 필요한 지식이 아주 자세하게 적혀 있었습니다.

이 책들은 나오자마자 곧 프랑스, 독일, 이탈리아 등 여러 나라 말로 번역되어 읽혔습니다.

1860년, 마흔 살이 된 플로렌스 나이팅게일은 크림 전쟁의 공로로 받은 상금과 기부금을 바탕으로 런던의 성 토마스 병원 안에 세계 최초로 '나이팅게일 간호 학교'를 세웠습니다.

"아, 드디어 내 꿈이 이루어졌구나!"

나이팅게일 | 크림 전쟁 중 터키 이스탄불 근교의 스쿠터리 병원에서 군인들을 보살피고 있는 나이팅게일을 그린 그림입니다.

플로렌스는 엄격한 심사 기준을 두어 열다섯 명의 입학생을 뽑았습니다. 나이팅게일 간호 학교 졸업생들은 어느 병원에서나 서로 데려가고 싶어할 만큼 인기가 높았습니다.

크림 전쟁이 끝난 지 3년이 지난 1859년의 일이었습니다.
오스트리아와 프랑스 사이에 치열한 전투가 벌어졌습니다.
6월 4일, 솔페리노 언덕에서는 거의 열다섯 시간에 걸친 무
서운 혈투가 계속되었습니다. 마침 앙리 뒤낭이라는 사람이
그 근처를 지나가고 있었습니다.

"아아, 살려 줘요!"

"제발 물, 물 좀……."

양쪽 부상병들은 피투성이가 된 채 울부짖고 있었습니다.

앙리 뒤낭 | 적십자를 창설한 앙리 뒤낭의 모습입니다.

모른 척 급히 되돌아가려던 앙리 뒤낭은 문득 이런 생각이 들었습니다.

'플로렌스 나이팅게일이라면 이럴 때 어떻게 했을까?'

박애 정신이 강했던 앙리 뒤낭은 플로렌스가 크림 전쟁에서 보여 주었던 헌신적인 행동에 깊은 감동을 받은 사람이었습니다.

앙리 뒤낭은 마차에서 내려 쓰러진 병사 곁으로 다가갔습니다. 수통의 물을 병사의 입에 대 주고, 자기 옷을 찢어 상처를 꼭 싸매 주었습니다. 그러고는 가까운 마을로 급히 달려가 외쳤습니다.

"제발 가엾은 부상병들을 도와 주세요!"

앙리 뒤낭은 마을 사람들과 힘을 합해 부상병들을 돌보기 시작했습니다.

그때 문득 이런 생각이 떠올랐습니다.

'앞으로 전쟁은 또 일어날 것이다. 이렇게 아무 준비가 없다면 얼마나 많은 희생자가 나올까? 적군이든 아군이든 가리지 않고 돌봐 주는 중립적인 구호대가 있다면 좋을 텐데…….'

앙리 뒤낭은 그 후 3년에 걸쳐 『솔페리노의 회상』이라는 책을 써서 출판했습니다. 그리고 전쟁이 일어났을 때 발생하는 부상병들을 치료하기 위한 구호대를 만들어야 한다고 주장했습니다.

"앙리 뒤낭의 생각이 옳다."

많은 사람들이 앙리 뒤낭의 뜻에 찬성했습니다.

그중에서도 누구보다 강하게 앙리 뒤낭의 뜻을 지지해 준 사람은 바로 플로렌스 나이팅게일이었습니다.

1864년 8월, 마침내 유럽 12개국 대표들이 모여 적십자 조약에 서명을 했습니다. 이렇게 탄생한 국제 적십자사는 전쟁터마다 달려가 수많은 병사들의 목숨을 구해 냈습니다.

크림 전쟁 | 사진 작가 로저 펜튼이 촬영한 사진으로, 크림 전쟁 때 8연대 경기병들이 밥을 짓는 모습입니다.

1872년 영국 런던의 적십자 회의에서 앙리 뒤낭은 이렇게 말했습니다.

"여러분은 제가 국제 적십자사를 세운 것으로 알고 있을 것입니다. 하지만 제게 그 일을 시작하도록 한 사람은 바로 플로렌스 나이팅게일입니다. 그분이 크림 전쟁 때 보여 준 사랑과 봉사, 희생 정신은 저에게 큰 감동을 주었습니다."

앙리 뒤낭은 이렇게 나이팅게일을 칭송했습니다.

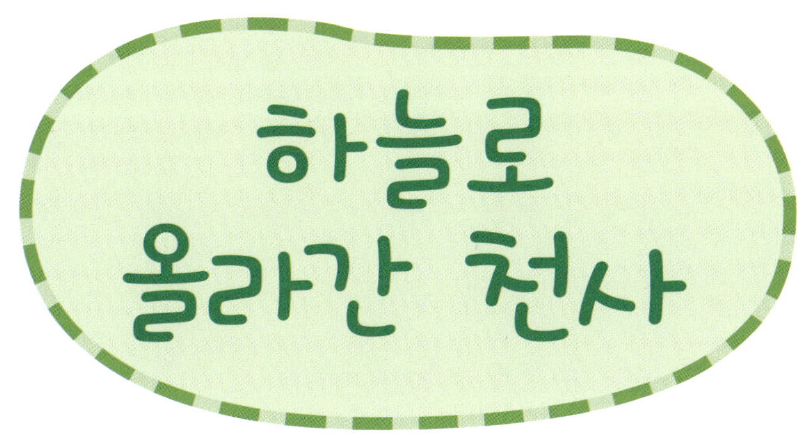

플로렌스 나이팅게일은 이제 일흔일곱 살이 되었습니다.

그동안 플로렌스는 로열 적십자 훈장을 비롯해 여러 상을 받았습니다.

빅토리아 여왕은 즉위 60주년을 맞아, 플로렌스를 위해 간호 발전의 발자취에 관한 큰 전시회를 열어 주었습니다. 전시장에는 사람들의 발길이 그치지 않았습니다. 플로렌스가 크림 반도에서 타고 다니던 포장마차도 전시되었습니다.

"아, 나이팅게일! 백의의 천사님!"

한 늙은 병사는 포장마차에 입을 맞추기도 했습니다.

여러 사람들의 염려에도 불구하고 플로렌스는 눈에 띄게 건강이 나빠져 1901년에는 완전히 시력을 잃고 말았습니다.

“아직 할 일이 많은데 이렇게 누워만 있다니…….”

플로렌스의 머릿속에는 오직 병들고 가난한 사람들을 도와야 한다는 생각뿐이었습니다.

사실 플로렌스는 크림 반도에서 얻은 병으로 50여 년 동안 병자로 지내야만 했습니다. 그러면서도 2백여 권의 책을 펴내고, 크림 반도에서 함께 생활했던 병사들과 친구, 동료, 간호 학교 학생들과 1만 2천여 통에 이르는 편지를 주고받을 정도로 열심히 글을 썼습니다.

플로렌스가 아흔 살이 되던 1910년 5월이었습니다. 세상은 플로렌스가 태어났던 그해 봄처럼 꽃 천지였습니다.

플로렌스는 침대에 누운 채 감회에 젖었습니다.

“오늘이 바로 나이팅게일 간호 학교가 설립된 지 50주년이 되는 날이구나. 그동안 참으로 많은 일들이 있었지.”

플로렌스의 두 뺨으로 뜨거운 눈물이 주르르 흘렀습니다.

그로부터 석 달 뒤인 1910년 8월 13일, 플로렌스 나이팅게일은 조용히 눈을 감았습니다.

나이팅게일 동상 | 1915년 런던 웨스트민스터 워털루에 세워졌습니다.

백의의 천사 플로렌스 나이팅게일 세상을 뜨다!

이 소식은 순식간에 전 세계로 알려졌습니다.

"아, 우리는 이제 자애로운 어머니를 잃었다!"

영국은 물론 전 세계가 깊은 슬픔에 잠겼습니다.

영국 국민들은 플로렌스 나이팅게일이 웨스트민스터 성당 묘지에 묻히기를 간절히 바랐습니다. 그러나 플로렌스 나이팅게일은 그녀의 유언대로, 잉글랜드 남부 햄프셔의 이스트웰로우에 있는 가족 묘지의 부모님 곁에 잠들었습니다. 🌸

연 대	발 자 취
1820년(0세)	이탈리아 피렌체에서 영국 귀족의 둘째 딸로 태어나다.
1830년(10세)	프랑스에서 온 가정교사 사라 크리스티에게 역사, 지리, 수학 등을 배우며 많은 영향을 받다.
1837년(17세)	병들고 가난한 마을 사람들을 돌보며 지내다. 기도 중에 하느님의 목소리를 듣고 자신이 가야 할 길을 생각하다. 그해 가을부터 1839년 4월까지 가족과 함께 유럽 여행을 하다.
1844년(24세)	독학으로 간호학 공부를 시작하다.
1847년(27세)	여행 중에 만난 시드니 허버트가 운영하는 빈민 학교에서 아이들을 가르치다.
1851년(31세)	독일 카이저스베르트 병원에서 정식으로 간호사가 되기 위한 공부를 하다.
1853년(33세)	런던 자선 병원의 간호부장이 되다.
1854년(34세)	크림 전쟁이 일어나자 스쿠타리로 달려가 야전 병원에서 부상병들을 돌보다.
1856년(36세)	크림 반도에서의 경험을 살려 병원과 간호에 관한 여러 권의 책을 펴내다.
1860년(40세)	세계 최초의 간호 학교인 '나이팅게일 간호 학교'를 세우다.
1883년(63세)	빅토리아 여왕으로부터 로열 적십자 훈장을 받다.
1897년(77세)	빅토리아 여왕이 간호 발전의 발자취에 대한 전시회를 열어 주다.
1907년(87세)	국왕 에드워드 7세로부터 대훈위장을 받다.
1910년(90세)	8월 13일, 세상을 떠나다.

1. 나이팅게일이 자선 병원 간호부장으로 일할 때 일어난 전쟁은 무슨 전쟁인가요?

2. 크림 전쟁에 대한 다음의 글 중에서 ( ) 안에 공통적으로 들어갈 사람은 누구인가요?

양쪽 부상병들은 피투성이가 된 채 울부짖고 있었습니다.

모른 척 급히 되돌아가려던 (   )은 문득 이런 생각이 들었습니다.

'플로렌스 나이팅게일이라면 이럴 때 어떻게 했을까?'

박애 정신이 강했던 (   )은 플로렌스가 크림 전쟁에서 보여 주었던 헌신적인 행동에 깊은 감동을 받은 사람이었습니다.

3. 사람들은 나이팅게일을 뭐라고 불렀나요?

4. 부상병들을 치료하던 나이팅게일은 병에 걸리고 맙니다. 다음 글을 읽
   고 어떤 단어가 떠올랐나요? 그 단어가 떠오른 이유는 무엇인가요?

군의관과 간호사들은 플로렌스에게 본국에 가서 더 치료를 받아야 한다고 말했습니다.

"나는 전쟁이 끝나고 마지막 부상병이 귀국하는 그날까지 결코 이곳을 떠나지 않을 겁니다."

플로렌스는 힘주어 말했습니다.

5. 나이팅게일이 어릴 때, 가정 교사인 크리스티 선생님은 그녀에게 지식
   을 많이 배우는 것보다 그것으로 다른 사람에게 도움을 주는 일이 더
   중요하다고 말합니다. 여러분은 이 말에 대해 어떻게 생각하나요? 여
   러분의 생각을 써 보세요.

6. 나이팅게일이 간호법을 공부하겠다고 하자 어머니는 반대합니다. 그 당시 간호사는 천한 직업으로 여겨졌기 때문입니다. 만약 여러분이 나이팅게일이라면 어머니를 어떻게 설득할지 대화체로 써 보세요.

7. 나이팅게일은 전쟁이 끝나자 병사들의 희생을 잊지 않기 위해 커다란 대리석 십자가를 세웁니다. 이처럼 나라를 지키기 위해 희생한 사람들에게 보답하기 위해서는 어떻게 해야 할지 생각해 보세요.

1. 크림 전쟁. 2. 앙리 뒤낭. 3. 백의의 천사, 사랑의 천사.

4. 예시 : '희생'이라는 단어가 떠오른다. 희생이란 다른 사람을 위해 재산이나 목숨을 내놓는 것을 말한다. 나이팅게일은 부상병을 위해 자신의 몸을 돌보지 않고 일했다. 병에 걸렸는데도 몸을 추스르자마자 병원으로 돌아가 부상병을 돌보았다. 그런 행동이 희생이라는 단어와 잘 어울린다.

5. 예시 : 지식을 많이 배우고 공부를 하는 것도 중요하다. 이 세상에는 알아야 할 일들이 너무 많기 때문이다. 그렇지만 그저 지식을 배우는 데에만 신경 쓰느라 나밖에 모르는 사람이 된다면 그 많은 지식은 쓸모가 없어진다. 지식을 다른 사람과 함께 나누고 그것을 쓸모 있는 곳에 써야 진짜 지식이라고 할 수 있다. 지식을 배우는 목적도 바로 다른 사람과 함께 잘 어우러져 살기 위해서라고 생각한다.

6. 예시 : 어머니, 아픈 사람을 돌보는 것이 제 일이라고 생각해요. 어릴 때부터 저는 이런 일에 관심이 많았어요. 좋은 사람을 만나 결혼하는 것도 행복한 일이지만, 저는 아픈 사람을 도우면서 행복을 느껴요. 그리고 간호하는 일은 절대 천한 일이 아니에요. 다른 사람을 돕고 병이 낫도록 하는 일은 오히려 칭찬받아야 할 일이에요. 그러니 부디 간호사가 될 수 있도록 허락해 주세요.

7. 예시 : 우리나라에도 목숨을 바쳐 평화를 지킨 병사들이 많다. 그분들의 희생에 보답하기 위해서는 우리나라를 보다 살기 좋고 강한 나라로 만들어야 한다고 생각한다. 그러려면 뭔가 거창한 일을 해야 하는 것이 아니라, 각자가 맡은 일에 최선을 다하면서 열심히 살면 된다. 그렇게 모두가 자기 자리에서 성실하게 살아 간다면 우리나라는 반드시 발전할 것이다.

우리나라 역사

광개토 태왕 (374~412)
을지문덕 (?~?)
연개 소문 (?~666)
김유신 (595~673)
대조영 (?~719)
장보고 (?~846)
왕건 (877~943)
강감찬 (948~1031)
최무선 (1328~1395)
황희 (1363~1452)
세종 대왕 (1397~1450)
장영실 (?~?)
신사임당 (1504~1551)
이이 (1536~1584)
허준 (1539~1615)
유성룡 (1542~1607)
한- (1543
이- (1545

고조선 건국 (B.C. 2333)
철기 문화 보급 (B.C. 300년경)
고조선 멸망 (B.C. 108)
고구려 불교 전래 (372)
신라 불교 공인 (527)
고구려 살수 대첩 (612)
신라 삼국 통일 (676)
대조영 발해 건국 (698)
견훤 후백제 건국 (900)
궁예 후고구려 건국 (901)
장보고 청해진 설치 (828)
왕건 고려 건국 (918)
귀주 대첩 (1019)
윤관 여진 정벌 (1107)
고려 강화로 도읍 옮김 (1232)
개경 환도, 삼별초 대몽 항쟁 (1270)
문익점 원에서 목화씨 가져옴 (1363)
최무선 화약 만듦 (1377)
조선 건국 (1392)
훈민 정음 창제 (1443)
임진 왜란 (1592~1598)
한산도 대첩 (1592)
오성 한음 (오성 1618, 한음 1613)
허준 동의 완성 (1610)
병자 호란 (1636)
상평 통보 전국 유통 (1678)

B.C. 선사 시대 및 연맹 왕국 시대	A.D. 삼국 시대	698 남북국 시대	918 고려 시대	1392

2000	500	400	300	100	0	300	500	600	800	900	1000	1100	1200	1300	1400	1500	160

B.C. 고대 사회	A.D. 375 중세 사회	1400

세계 역사

중국 황하 문명 시작 (B.C. 2500년경)
인도 석가모니 탄생 (B.C. 563년경)
알렉산더 대왕 동방 원정 (B.C. 334)
크리스트교 공인 (313)
게르만 민족 대이동 시작 (375)
로마 제국 동서로 분열 (395)
수나라 중국 통일 (589)
수 멸망 당나라 건국 (618)
이슬람교 창시 (610)
러시아 건국 (862)
거란 건국 (918)
송 태종 중국 통일 (979)
제1차 십자군 원정 (1096)
테무친 몽골 통일 칭기즈 칸이 됨 (1206)
원 제국 성립 (1271)
원 멸망 명 건국 (1368)
잔 다르크 영국군 격파 (1429)
구텐베르크 금속 활자 발명 (1450)
코페르니쿠스 지동설 주장 (1543)
도요토미 히데요시 일본 통일 (1590)
독일 30년 전쟁 (1618)
영국 청교 혁명 (1642~1)
뉴턴 만유 인력 법칙 발견 (1665)

석가모니 (B.C. 563?~ B.C. 483?)
예수 (B.C. 4?~ A.D. 30)
칭기즈 칸 (1162~1227)

정약용
(1762~1836)

김정호
(?~?)

주시경
(1876~1914)

김구
(1876~1949)

안창호
(1878~1938)

안중근
(1879~1910)

우장춘
(1898~1959)

방정환
(1899~1931)

유관순
(1902~1920)

윤봉길
(1908~1932)

이중섭
(1916~1956)

백남준
(1932~2006)

이태석
(1962~2010)

이승훈
천주교
전도
(1784)

최제우
동학
창시
(1860)

김정호
대동여
지도
제작
(1861)

강화도
조약
체결
(1876)

지석영
종두법
전래
(1879)

갑신
정변
(1884)

동학
농민
운동,
갑오
개혁
(1894)

대한
제국
성립
(1897)

을사
조약
(1905)

헤이그
특사
파견,
고종
퇴위
(1907)

한일
강제
합방
(1910)

3 · 1
운동
(1919)

어린이날
제정
(1922)

윤봉길 ·
이봉창
의거
(1932)

8 · 15
광복
(1945)

대한
민국
정부
수립
(1948)

6 · 25
전쟁
(1950~1953)

10 · 26
사태
(1979)

6 · 29
민주화
선언
(1987)

서울
올림픽
개최
(1988)

북한
김일성
사망
(1994)

의약
분업
실시
(2000)

조선 시대	1876 개화기	1897 대한 제국	1910 일제 강점기	1948 대한민국

1700	1800	1850	1860	1870	1880	1890	1900	1910	1920	1930	1940	1950	1970	1980	1990	2000

근대 사회						1900 현대 사회										

미국
독립
선언
(1776)

프랑스
대혁명
(1789)

청 · 영국
아편
전쟁
(1840~1842)

미국
남북
전쟁
(1861~1865)

베를린
회의
(1878)

청 ·
프랑스
전쟁
(1884~1885)

청 · 일
전쟁
(1894~1895)

헤이그
평화
회의
(1899)

영 · 일
동맹
(1902)

러 · 일
전쟁
(1904~1905)

제1차
세계
대전
(1914~1918)

러시아
혁명
(1917)

세계
경제
대공황
시작
(1929)

제2차
세계
대전
(1939~1945)

태평양
전쟁
(1941~1945)

국제
연합
성립
(1945)

소련
세계
최초
인공위성
발사
(1957)

제4차
중동
전쟁
(1973)

소련
아프가니
스탄
침공
(1979)

미국
우주
왕복선
콜럼비아
호 발사
(1981)

독일
통일
(1990)

유럽
11개국
단일
통화
유로화
채택
(1998)

미국
9 · 11
테러
(2001)

워싱턴
(1732~1799)

페스탈
로치
(1746~1827)

모차
르트
(1756~1791)

나폴
레옹
(1769~1821)

링컨
(1809~1865)

나이팅
게일
(1820~1910)

파브르
(1823~1915)

노벨
(1833~1896)

에디슨
(1847~1931)

가우디
(1852~1926)

라이트
형제
(형, 월버
1867~1912 /
동생, 오빌
1871~1948)

마리
퀴리
(1867~1934)

간디
(1869~1948)

아문센
(1872~1928)

슈바이처
(1875~1965)

아인슈
타인
(1879~1955)

헬렌
켈러
(1880~1968)

테레사
(1910~1997)

만델라
(1918~2013)

마틴
루서 킹
(1929~1968)

스티븐
호킹
(1942~2018)

오프라
윈프리
(1954~)

스티브
잡스
(1955~2011)

빌
게이츠
(1955~)

2022년 6월 25일 2판 5쇄 **펴냄**
2013년 10월 25일 2판 1쇄 **펴냄**
2008년 7월 10일 1판 1쇄 **펴냄**

펴낸곳 (주)효리원
펴낸이 윤종근
글쓴이 이규희 · **그린이** 강신광
사진 제공 중앙포토
등록 1990년 12월 20일 · **번호** 2-1108
우편 번호 03147
주소 서울시 종로구 삼일대로 457, 406호
전화 02)3675-5222 · **팩스** 02)765-5222

ⓒ 2008 · 2013, (주)효리원

잘못 만들어진 책은 구입하신 서점에서 바꾸어 드립니다.
ISBN 978-89-281-0304-1 64990

이메일 hyoreewon@hyoreewon.com
홈페이지 www.hyoreewon.com